Inhalt

Chinas Rohstoffkonzerne - Kaufe Rohstoffe, biete Infrastruktur!

Kernthesen

Beitrag

Fallbeispiele

Zahlen und Fakten

Weiterführende Literatur

Impressum

Chinas Rohstoffkonzerne - Kaufe Rohstoffe, biete Infrastruktur!

Autor GENIOS BranchenWissen: A.Schneider

Kernthesen

- Chinas Rohstoffkonzerne sind weltweit unterwegs, um den schier unstillbaren Rohstoffhunger der expandierenden Wirtschaft zu decken. Besonders favorisiert ist dabei der afrikanische Kontinent.
- Zu Chinas Strategie gehört es, den ärmeren Ländern Infrastrukturhilfe anzubieten und dafür Zugriff auf deren Rohstoffreichtum zu erhalten. Der Westen kritisiert China für seine Zusammenarbeit mit politisch umstrittenen Ländern wie Irak, Sudan,

Angola u.a.
- Zu den führenden chinesischen Energie- und Rohstoffunternehmen gehören die Ölkonzerne Sinopec, Petrochina, China National Offshore Oil Corporation (CNOOC), der Aluminiumhersteller Chinalco, die Stahlgiganten Sinosteel und Baosteel und der Kohleproduzent China Shenhua Energy.

Beitrag

Zu Chinas Energiemultis zählen Petrochina und Sinopec. Gemessen am Umsatz und an der Marktkapitalisierung haben sie den Sprung unter die Top 10 Unternehmen der Welt geschafft. Um die Energieversorgung des Landes sicherzustellen, kaufen sie weltweit ein.

Auf den Listen der größten Unternehmen und Energiekonzerne der Welt tauchen inzwischen immer auch die chinesischen Rohstoffgiganten Sinopec und Petrochina auf. Formel 1 Fans kennen Sinopec schon seit 2004. Seither tritt der chinesische Energiekonzern nämlich als Hauptsponsor des Großen Preis von China auf. Vor gut zwei Wochen gewann dort übrigens Lewis Hamilton. Beim Rennkurs in Shanghai haben die Chinesen in puncto Schnelligkeit alle Rekorde gebrochen. Ähnliches gilt für den gigantischen Rohstoffhunger des Reiches.

Chinas Rohstoffhunger fegt die Weltmärkte leer

Kohle, Erdöl, Erdgas und Stahl sind in China heiß begehrt. Inzwischen kann die heimische Produktion nicht mehr mit dem Verbrauch mithalten. In den ersten sechs Monaten 2007 importierten die Chinesen erstmals mehr Kohle als sie exportierten. Die Internationale Energieagentur geht davon aus, dass sich in den nächsten Jahren die Ölimporte mehr als verdreifachen werden; vor 15 Jahren hat China Öl noch exportiert. Schon heute ist China das zweitgrößte Ölverbraucherland und der weltweit zweitgrößte Ölimporteur hinter den USA. Bei Erdgas steigen heimische Produktion und Verbrauch rasant an: 2007 schraubte China die Förderung um 18,4 Prozent nach oben und förderte 63 Milliarden Kubikmeter Erdgas. Doch der Verbrauch kletterte noch stärker, um 19,9 Prozent auf 67 Milliarden Kubikmeter. Und so wird weiterhin importiert. Mehr als 40 Prozent des weltweit hergestellten Stahls verbrauchen die Chinesen. Vor acht Jahren waren es erst 20 Prozent. (1)

Chinesische Entwicklungshilfe: Biete Infrastruktur, kaufe Rohstoffe stelle keine Fragen!

Um ihren Rohstoffhunger zu stillen, kaufen sich Chinas Unternehmen rund um den Globus in rohstoffreichen Ländern ein. Infrastruktur gegen Rohstoffe das ist oft Bestandteil der Strategie, sozusagen Entwicklungshilfe chinesischer Machart. Kein Diskussionspunkt oder gar Entscheidungskriterium der Chinesen ist dabei, ob ihre Geschäftspartner ein demokratisches Regime haben, gegen Korruption angehen, den Terrorismus bekämpfen, die Menschenrechte achten, die Arbeitsbedingungen verbessern oder gar die Natur schützen. So bezieht China Öl, Gas, Eisenerz, Nickel, Mangan, Kupfer und Bauxit in Indonesien und Kasachstan, Brasilien, Nigeria und Gabun, aber auch in aus Sicht der westlichen Industriestaaten politisch umstrittenen Ländern wie Iran, Irak, Sudan, Angola und Kongo.

Der afrikanische Kontinent ist besonders beliebt. In 35 afrikanischen Ländern finanziert China

Infrastrukturprojekte. Schon bisher ist das Land der größte Investor im Sudan. Darüber hinaus sind chinesische Firmen in Nigeria, Angola, Äquatorialguinea sowie im Tschad tätig. So wird China beispielsweise im Kongo Schürfrechte an Kupfer, Kobalt und Nickel erhalten und im Gegenzug Infrastruktur im Wert von 6,3 Milliarden Euro aufbauen. Angola verkauft große Mengen Öl an China und braucht seit 2006 keine finanziellen Hilfen des Internationalen Währungsfonds mehr, dessen Unterstützung an Bedingungen und Auflagen geknüpft ist. Sambia liefert Kupfer, aus Gabun kommt Mangan. Jüngst wurde auch eine Vereinbarung mit Niger geschlossen. Die China National Petroleum Corporation (CNCP) wird das Erdöl in Agadem abbauen und im Gegenzug eine Pipeline sowie eine Raffinerie bauen.

Im ersten Halbjahr 2008 hat China seine ausländischen Direkt-Investitionen im Vergleich zum Vorjahreszeitraum auf 16,5 Milliarden Euro verdoppelt. Mit neun Milliarden Euro schlug dabei ein einziger Aktienkauf zu Buche. Zusammen mit dem US-Unternehmen Alcoa hat sich der staatliche chinesische Aluminiumkonzern Chinalco neun Prozent am australischen Rohstoffriesen Rio Tinto gesichert. (2), (3)

Staatsbetriebe als Weltkonzerne

Zu den führenden chinesischen Energie- und Rohstoffunternehmen gehören die Schwergewichte im Ölgeschäft: Nr. 1: der staatlichen Ölkonzern China National Petroleum Corporation (CNPC) mit seiner Tochter Petrochina, Nr. 2: Sinopec (China Petroleum & Chemical Corp) und Nr. 3: die China National Offshore Oil Corporation (CNOOC). [Abb.1] Über Chinas Grenzen hinaus bekannt sind auch der Aluminiumhersteller Chinalco, die Stahlgiganten Sinosteel und Baosteel und die China Shenhua Energy, das börsennotierte Flaggschiff des größten staatlichen Kohleproduzenten.

Die Konzerne sind weitgehend in der Hand des Staates. Durch Zusammenschlüsse wurden große Konglomerate geschaffen. Zwar ist ein Teil von ihnen inzwischen modern als Aktiengesellschaft organisiert und an die Börse gebracht worden, doch dabei handelt es sich nur um Minderheitsbeteiligungen. Peking behält bei Chinas Energie- und Rohstoffpolitik die Fäden fest in der Hand.

Für Chinas Energiewirtschaft ist das nicht ausschließlich von Vorteil, wie das Beispiel der subventionierten Preispolitik für Produkte der Öl verarbeitenden Industrie zeigt. Nach wie vor diktiert hier der Staat die Preise. Er hält sie für Benzin, Diesel und Kerosin künstlich niedrig, um die Inflation in Schach zu halten, die Bevölkerung vor plötzlichen hohen Preissteigerungen zu schützen und keine sozialen Unruhen heraufzubeschwören. Dies beschert Chinas Ölfirmen momentan herbe Verluste. Denn sie müssen Rohöl zum teuren Weltmarktpreis von mehr als 140 Dollar bzw. 98 Euro einkaufen, beim Verkauf des raffinierten Produkts müssen sie jedoch die von Peking künstlich niedrig gehaltenen Preisgrenzen einhalten. An den Tankstellen zahlen die Kunden - gesetzlich festgelegt - für einen Liter Benzin umgerechnet höchstens 66 Euro-Cent und für einen Liter Diesel 58 Cent. Und so melden Sinopec und Petrochina Verluste; CNPC - hinter Wal-Mart und vor der indischen Bahn der zweitgrößte Arbeitgeber weltweit! - hat Arbeitsplatzabbau angekündigt. (4)

Petrochina

Petrochina ist Chinas größte Ölgesellschaft. Ihre Aktien notieren in Shanghai, Hongkong und New York. Zu 88 Prozent gehört das Unternehmen dem Staatskonzern CNPC, der 1988 aus dem chinesischen Ölministerium hervorgegangen ist. Ende 2007 emittierte das Unternehmen vier Milliarden Aktien an der Börse und bekam dadurch 8,9 Milliarden

Dollar. Der Unternehmenswert stieg damit vorübergehend - auf eine Billion Dollar. [Abb.2] Gemessen an der Börsenkapitalisierung ist Petrochina derzeit das zweitteuerste Unternehmen der Welt. Noch höher bewertet wird nur der amerikanische Ölmulti Exxon Mobil. (5)

Sinopec

Sinopec ist die zweitgrösste chinesische Erdölgesellschaft und hat sich mittlerweile ebenfalls emporgearbeitet unter die weltweit führenden Ölgesellschaften. Der Konzern beschäftigt weltweit rund 700 000 Mitarbeiter. Sinopec ist ein beliebter Joint Venture-Partner für westliche Industriekonzerne, die den chinesischen Markt längst für sich entdeckt und die Eroberung begonnen haben. Die deutschen Chemie-Schwergewichte BASF und Linde beispielsweise haben sich über Joint Ventures mit der chinesischen Sinopec in den Markt eingekauft. BASF und Sinopec investierten jeweils rund 2,9 Milliarden Dollar und errichteten den Standort Nanjing, wo seit Juni 2005 die Produktionsanlagen in Betrieb sind. Der Industriegasekonzern Linde brachte jetzt 100 Millionen Euro in eine Kooperation mit einer Sinopec-Tochter ein und versorgt die Kunden in der südöstlichen Provinz Fujian mit Stickstoff, Sauerstoff und Argon. (6)

Fazit

Die Chinesen investieren massiv in den Ausbau ihrer Energieversorgung und bauen die heimische Energiegewinnung in allen Bereichen aus. Doch es reicht nicht. Immer mehr Rohstoffe müssen importiert werden, um den gigantischen Rohstoffhunger zu stillen. Die jüngsten Abkommen wurden mit Venezuela und Niger geschlossen. Im Energiesektor sind mit Sinopec und Petrochina Großkonzerne entstanden, die inzwischen weltweit bekannt sind.

Fallbeispiele

Chinas Energie- und Rohstoffkonzerne engagieren sich rund um den Globus:

Sinopec

will in **Kanada** den Erdölförderer Tanganyika Oil mit einer Tagesproduktion von rund 16 700 Fass aus syrischen Quellen übernehmen. Die Kanadier denken darüber nach, das vorgelegte Übernahmeangebot anzunehmen. Sinopec steigt auch in die Ölsandförderung in der kanadischen Provinz Alberta ein. (7)

CNPC

und **Sinopec** zusammen arbeiten an einer Übernahme in **Peru**. Sie bieten bis zu 2,5 Milliarden Dollar für Petro-Tech Peruana, das über Öl- und Gasquellen in dem südamerikanischen Land verfügt. (8)

Mit dem **Iran** vereinbarte **Sinopec** die Ausbeutung eines großen Ölfeldes im Südwesten des Landes und investiert angeblich rund 1,3 Milliarden Euro. Der Iran ist bereits jetzt der drittgrößte Erdöllieferant Chinas. (9)

Der **Irak** verfügt über die drittgrößten Erdölreserven der Welt. Die **China National Petroleum Corporation (CNPC)** hat mit der irakischen Regierung einen Vertrag im Wert von 1,25 Milliarden US-Dollar unterzeichnet, um das Ölfeld Al-Ahdab südlich von Bagdad zu erschließen. (1)

Der staatliche Kohleförderer **China Shenhua Energy** erwarb für rund 170 Millionen Euro eine Schürflizenz in **Australien** und wird fünf Jahre lang in New South Wales Kohle schürfen. (3)

Sinopec

interessiert sich sogar für **Englands** Ölförderer Imperial Energy und gab ein Übernahmeangebot ab. Sollte diese Übernahme klappen, wäre es die bis dato größte Übernahme eines börsennotierten britischen Unternehmens durch ein chinesisches. (10)

In **Gabun** wird die China National Machinery & Equipment Corporation unter anderem eine 560 Kilometer lange Eisenbahnlinie vom Dschungel im Nordosten des Landes bis zum Meer bauen, am Ufer einen Tiefseehafen anlegen sowie im Landesinneren drei Wasserkraftwerke errichten. Im Gegenzug werden Frachter voraussichtlich ab 2011 mindestens 25 Jahre lang bis zu 30 Millionen Tonnen Eisenerz pro Jahr aus der Belinga-Mine nach China transportieren. (2)

Seit 2006 gibt es Abkommen zum Ölexport aus

Venezuela nach China. Diese Beziehungen sollen jetzt intensiviert werden. Bis 2012 sollen 45 Prozent der venezolanischen Ausfuhr von Erdöl und Erdölerzeugnissen nach China verschifft werden. (11)

Zahlen & Fakten

Top 13 Energieunternehmen nach Umsatz 2007

Rang	Unternehmen	Land	Umsatz 2007 in Milliarden Dollar
1	Exxon Mobil	USA	405
2	Royal Dutch Shell	Niederlande	356
3	BP	Großbritannien	284
4	Total	Frankreich	234
5	Chevron	USA	221
6	Conoco-Phillips	USA	195
7	Sinopec	China	165
8	Eni	Italien	121
9	Petrochina	China	114
10	Statoil Hydro	Norwegen	96
11	Petrobas	Brasilien	96
12	Gasprom	Russland	94
13	Lukoil	Russland	82

Quelle: Bloomberg, Bundesanstalt für Geowissenschaften und Rohstoffe (BGR), British Petrol, Thomson, Financial Datastream, Unternehmen

Entnommen aus: Frankfurter Allgemeine Zeitung, 02.06.2008, S. 2329

Top 10 Unternehmen nach Marktkapitalisierung 2007

Rang	Unternehmen	Marktkapitalisierung 2007 in Milliarden Dollar
1	Petrochina	723,80
2	ExxonMobil	511,90
3	General Electric	374,60
4	China Mobile	354,00
5	I&C Bank China	338,40
6	Microsoft	333,10
7	Gasprom	331,80
8	Shell	264,30
9	AT & T	252,10
10	Sinopec	249,60

Zeitraum: 31.12.2007   GBI-Genios Grafik

Quelle: Ernst & Young

Entnommen aus: Focus, 03/2008, S. 129

Weiterführende Literatur

(1) Rote Riesen

aus WirtschaftsWoche Global Sonderausgabe China
NR. 001 VOM 06.10.2008 SEITE 050

(2) Meister der eigennützigen Entwicklungshilfe
China grast die armen Länder nach Rohstoffen ab
und bietet im Gegenzug Geld für Infrastruktur
aus Frankfurter Rundschau v. 01.08.2008, S.23

(3) Rohstoffhunger macht skrupellos China macht
unbeirrt Geschäfte mit Unrechtsregimen in Afrika,
etwa dem Sudan. Zu groß ist die Abhängigkeit von
Öl-, Kohle- und Holzimporten
aus Financial Times Deutschland vom 11.09.2008,
Seite 2SA02

(4) Pekings neuer Energiekurs
aus WirtschaftsWoche Global Sonderausgabe China
NR. 001 VOM 06.10.2008 SEITE 032

(5) Nicht ohne die Partei
aus Süddeutsche Zeitung, 10.07.2008, Ausgabe
Deutschland, Bayern, München, S. 23

(6) Linde expandiert in China
Gemeinschaftsunternehmen mit Sinopec-Gruppe -
Zweistellige Zuwachsraten
aus Börsen-Zeitung, 11.09.2008, Nummer 176, Seite 9

(7) Sinopec erwirbt kanadischen Erdölförderer
Tanganyika
aus Neue Zürcher Zeitung 26.09.2008, Nr. 225, S. 23

(8) China will Öl aus Peru

aus Frankfurter Allgemeine Zeitung, 20.08.2008, Nr. 194, S. 16

(9) Neue Spieler im Rohstoff-Monopoly
aus Süddeutsche Zeitung, 29.07.2008, Ausgabe Deutschland, Bayern, München, S. 23

(10) Sinopec klopft bei Imperial Energy an
aus Börsen-Zeitung, 05.08.2008, Nummer 149, Seite 9

(11) Im laufenden Jahr China wird weltweit zweitgrößter Importeur von Erdöl
aus HANDELSBLATT online 24.10.2008 15:30:40

Impressum

Chinas Rohstoffkonzerne - Kaufe Rohstoffe, biete Infrastruktur!

Bibliografische Information der deutschen Nationalbibliothek

Die Deutsche Nationalbibliothek verzeichnet diese Publikation in der deutschen Nationalbibliografie; detaillierte bibliografische Daten sind im Internet über http://dnb.d-nb.de abrufbar.

ISBN: 978-3-7379-2359-0

© 2015 GBI-Genios Deutsche Wirtschaftsdatenbank GmbH, Freischützstraße 96, 81927 München, www.genios.de

Alle Rechte vorbehalten. Dieses Werk ist einschließlich aller seiner Teile – z.B. Texte, Tabellen und Grafiken - urheberrechtlich geschützt. Jede Verwertung außerhalb der Grenzen des Urheberrechtsgesetzes bedarf der vorherigen Zustimmung des Verlags. Dies gilt insbesondere auch für auszugsweise Nachdrucke, fotomechanische Vervielfältigungen (Fotokopie/Mikroskopie), Übersetzungen, Auswertungen durch Datenbanken oder ähnliche Einrichtungen und die Einspeicherung und Verarbeitung in elektronischen Systemen.